AF312244

# DU CÉLIBAT
## ET
# DU DIVORCE.

Discours *prononcé en 1787, à une Séance*
*publique de l'Académie d'Arras,*

PAR

M. LEGAY , Avocat, Membre de plusieurs
Académies.

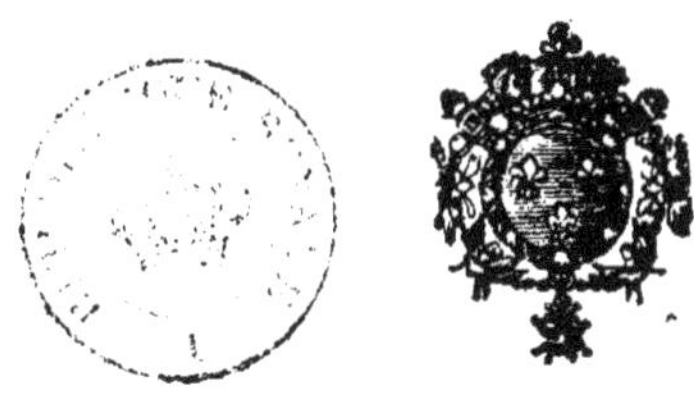

A DOUAI;

Chez CARPENTIER père , Imprimeur de la Sous-
Préfecture et de l'Académie.

1816.

# DU CÉLIBAT

## ET

## DU DIVORCE.

*Discours prononcé en 1787, à une Séance publique de l'Académie d'Arras,*

PAR

M. LEGAY, Avocat au Conseil d'Artois, Membre de plusieurs Académies.

C'EST dans les Pays où le Célibat religieux enlève à la Société une portion considérable de ses membres, que l'on doit s'opposer avec le plus de force aux progrès d'un autre Célibat qui n'a point pour objet une plus grande perfection, une chasteté, sans doute agréable à l'ÊTRE SUPRÊME.

Laissons, loin du tumulte du monde, des hommes étouffer, par principe de Religion, le plus doux, le plus légitime des penchans. Semblables aux Intelligences célestes placées entre le trône du Très-Haut et la fange des Mondes, qu'ils veillent sur nos destins futurs, redressent, dirigent la pente de nos inclinations, portent aux pieds de l'Éternel nos salutaires repentirs, et, en disparaissant, ne laissent, parmi nous, que les traces de leurs vertus.

Les Célibataires contre lesquels la philosophie doit faire entendre sa voix, n'ont point prononcé de vœux ; ils vivent au milieu des séductions du siècle, et, plus nombreux chaque jour, ils portent une double atteinte à la population et aux mœurs, ces deux bases conservatrices du corps social, et qui, une fois ébranlées, le menacent d'une chûte prochaine.

Ce sont ceux-là que l'intérêt public exige qu'on ramène aux sentimens naturels, combattus dans leur cœur par un égoïsme mal-entendu, ou par l'attrait d'une indépendance qui n'est, en dernier résultat, qu'un libertinage déguisé.

Depuis le plus imperceptible des végétaux, depuis l'insecte caché dans le pli d'une feuille jusqu'à l'homme, qui semble être le but des merveilles de la création, tout a reçu la faculté de se régénérer.

Le chêne antique des forêts se dessèche et tombe environné de chênes nombreux que ses glands ont produits.

L'oiseau meurt dans le nid où sa famille essaie ses ailes.

L'homme seul en faveur duquel s'opère la reproduction de tous les êtres, l'homme ose très-souvent, dans les pays où sa raison perfectionnée lui a dévoilé le système de l'Univers, contrarier le plan de l'Éternel Créateur, et anéantir, autant qu'il est en lui, l'espèce humaine.

Contraste frappant ! Il se sent capable de tout sacrifier, son repos, sa vie même, pour laisser aux races futures le souvenir de son existence momentanée, et il rejette le seul moyen d'exister encore, dans les émanations vivantes de son être, des siècles après sa dissolution !

S'il s'est voué au Célibat, que l'homme de génie prononce d'un ton moins imposant le nom de la postérité.

Malgré ses sublimes écrits, elle lui doit moins qu'à un père de famille obscur.

Que le chantre d'Achille et d'Ulysse se réveille du sommeil de la mort.

Qu'un de ses contemporains , époux et père , ressuscite en même-tems, entouré des générations dont il est la souche.

Mettez en parallèle les deux premiers chefs-d'œuvre de l'esprit humain , et ce peuple immense parmi lequel dans la foule des laboureurs et des artisans qui ont alimenté et enrichi leur nation, vous trouverez des guerriers illustres qui ont fait tourner à son profit le fléau, peut-être inévitable , de la guerre ; des écrivains qui ont assis la Raison et l'Humanité sur le trône que leur disputaient l'ignorance et la barbarie ; des Ministres dignes d'alléger aux Rois le fardeau de la Couronne , et peut être des Rois même , et des Rois qui n'ont fait pleurer qu'à leurs funérailles.

Prononcez maintenant, qui du père de famille ou du prince des poëtes , s'il n'est resté de lui que les monumens immortels de son génie , a le plus mérité des siècles qui ont passé sur leurs tombeaux ?

Que le Célibataire frémisse à cette image ; elle le met à portée d'apprécier le préjudice qu'il cause à la Société.

Mais faut-il donc l'épouvanter par le tableau des suites funestes de son éloignement pour une union à laquelle tout l'invite , et les plaisirs qui y sont attachés, et cette succession de jouissances pures et délicieuses que des enfans procurent aux auteurs de leurs jours.

Quel adolescent n'est point averti du besoin impérieux d'intéresser à sa destinée un être de l'autre sexe !

Quel homme, s'il a aimé son père, ne désire point d'être père à son tour !

La vie offre quelques douceurs passagères ; mais qu'elles perdent de leurs charmes, si nous les goûtons seuls, si notre joie ne se reproduit point à nos yeux, peinte sur d'autres fronts !

Que nos peines sont près du désespoir si personne ne les remarque, ne nous console, ne rapproche du présent, qui nous décourage, un avenir plus riant !

Où les trouver ceux qui, s'identifiant avec nous, prendront à nos succès ce tendre intérêt qui les double, qui, pleurant sur nos infortunes, adouciront l'amertume de nos larmes ?

Le Célibataire songe à ses amis, réfléchit, et n'ose hasarder une réponse.

Mais elle échappe aussitôt quand on est époux et père.

En nous plaçant dans le monde entre ceux de qui nous tenons l'existence et ceux qui nous la doivent, la Nature nous a marqué nos consolateurs et nos amis pour chaque point de la carrière pénible que nous avons à parcourir.

Du néant nous passons dans les bras d'un père et d'une mère sensibles ; au second tiers de notre course, une compagne aimable, intéressante, les remplace, et nous adoucit, par son affection et sa fécondité, le regret de leur perte ; et nos derniers soupirs sont recueillis par des enfans qui ne nous cèdent qu'en gémissant à la terre qui réclame notre enveloppe matérielle.

Le souffle de la vie semble s'évanouir moins douloureusement pour nous, au milieu de ceux à qui nous l'avons transmis.

Une infinité de motifs portant l'homme au Mariage, pourquoi donc tant d'individus meurent-ils sans avoir rempli d'avance le vide que va laisser leur disparition ?

D'où vient cet isolement auquel on se condamne ?

Plusieurs écrivains l'attribuent principalement à l'indissolubilité, qui, dans presque toute l'Europe, caractérise le lien conjugal.

Ils prétendent que le Divorce opérerait une révolution qui rendrait plus heureux et multiplierait les époux.

Cette opinion me semble mériter d'être discutée, vu surtout le grand nombre des partisans que lui a faits l'éloquence de ses défenseurs.

Les conditions sous lesquelles se forment les mariages doivent se rapporter à la plus grande tranquillité de ceux qui les contractent, et au plus grand avantage des enfans.

Si l'indissolubilité remplit, autant qu'il est possible, ce double but, on ne devra plus regretter que la Religion et les lois civiles tendent à la conserver.

A Rome, le Divorce paraît avoir été toujours permis; pendant long-tems le mari seul put l'exercer. Un peuple de vainqueurs étendait jusque sur les compagnes de sa vie, l'oppression dans laquelle il avait mis l'Univers.

Mais l'humanité qu'il a fait trop souvent gémir ne permettrait plus aujourd'hui de compter pour rien le bonheur du sexe le plus faible, auquel les chagrins domestiques sont d'autant plus sensibles, qu'il n'a point, comme nous, dans les occupations du dehors, une foule d'occasions de s'en distraire.

Le Divorce, si l'on jugeait à propos de l'introduire, s'opérerait donc en trois circonstances.

Le mari pourrait l'obtenir contre sa femme;

la femme contre son mari, et il y aurait apparemment moins de raisons encore de l'interdire quand il paraîtrait nécessaire à tous les deux.

Quelles seraient les causes du Divorce?

Les Romains en avaient assigné beaucoup; ils les avaient étendues depuis l'adultère et l'attentat de l'un des époux à la vie de l'autre, jusqu'au cas où la femme boirait du vin à l'insçu de son mari.

Suivant l'auteur d'une très-longue note contre le mariage indissoluble, imprimée dans le Poème des Mois, l'inconciliabilité du caractère des époux, ou un autre amour qui s'emparerait de tous deux, ou seulement de l'un d'eux, doivent être des motifs de prononcer le Divorce.

Supposons un moment que les réclamations en sa faveur aient décidé le législateur à l'établir d'une manière conforme à ce principe.

Que d'avantages en résultent ! Voyez la paix et la confiance venir à sa suite s'asseoir au milieu des époux. Ils ont, grâce à une séparation utile qu'a suivie une nouvelle union, trouvé la personne qui leur convenait; celle que la nature, en lui donnant les mêmes goûts, les mêmes sentimens, leur avait, pour ainsi dire, destinée. Que ne pouvons-nous pénétrer dans l'intérieur des maisons, auparavant le théâtre secret des scènes les plus révoltantes? Au lieu de deux esclaves incessamment occupés à se frapper mutuellement avec les chaînes dont l'un d'eux ne sera débarrassé que quand l'autre les aura trainées jusqu'au tombeau , seul terme à son désespoir, nous y verrons deux époux, amans attachés l'un à l'autre par de légers tissus de fleurs , qu'ils pourraient rompre facilement , mais dont ils aiment à se sentir environnés ; à côté d'eux, des enfans , la douce et naïve gaieté de leur âge sur le front, attestent la concorde qui règne entre les auteurs de leurs jours ; ils ne seront pas célibataires ceux-là! ils croîtront, le tableau des douceurs de l'hymen toujours sous les yeux, et ils voudront les goûter à leur tour. Le libertinage n'aura plus de complices parmi les époux; libres , quand ils se repentiront de leur premier choix, d'en faire de nouveaux jusqu'à ce qu'ils aient rencontré l'être vers lequel une impulsion sympathique les attire. Le Célibat perdra chaque jour de ses prosélites , parce qu'on ne risquera plus , en prenant une femme, le bonheur de sa vie.

Voilà le côté séduisant du Divorce , celui sous lequel ses enthousiastes l'ont toujours offert.

Substituons au coloris brillant, mais imposteur,

de ce tableau, le vrai ton des couleurs qui
appartiennent au sujet, et considérons d'abord
le Divorce provoqué par un seul des époux.

De deux amans à qui le ministre de la Religion
a permis les plaisirs de l'hymen, il en est un
peut-être dont l'inconstance va faire évanouir
le bonheur. Elle a fui, l'illusion, qui lui mon-
trait, dans la femme qu'il a liée à son sort, la
réunion de tout ce qu'il imaginait de plus beau.
Elle est pourtant la même encore, mais il n'est
plus le même. Sa manière de voir a changé;
il conçoit qu'on pourrait lui plaire et ne pas être
*elle*. Bientôt il s'étonne de l'avoir préférée;
une autre enfin lui semble posséder réellement
tout ce qu'il a cru trouver dans son épouse.
L'amour qu'il ressent, il l'inspire, il n'en peut
plus douter; alors, il n'est point, sans elle, un
seul moment agréable pour lui. Elle est libre
encore; le Divorce autorisé, il peut le redevenir
lui-même, et il ne souffrira plus de son propre
désespoir et des maux que causa à celle qu'il
ne peut effacer de son cœur, le funeste et irré-
vocable engagement qu'il a formé avant de la
connaître.

Mais celle qu'il répudierait n'a point mérité
de perdre son affection; il veut la quitter par
la même raison qu'il abandonnerait à son tour

l'idole à laquelle il la sacrifie, s'il l'avait vue quelque tems au flambeau de l'hymen. Cette épouse dédaignée est encore amante sensible; le bandeau de l'Amour est encore sur ses yeux : sa tendresse éprouvée par tout ce qu'elle a déjà souffert lui ferait envisager, avec le plus douloureux effroi, le moment où on l'obligerait de céder ses droits à sa rivale enorgueillie. L'indissolubilité du nœud qui désole son époux est le fondement sur lequel elle bâtit, dans l'avenir, l'édifice d'un bonheur dont la flatteuse perspective lui cache l'horreur de sa situation actuelle.

Elle se flatte que sa patience, sa douceur, cet intérêt que tout homme, à moins d'être un monstre, ne peut s'empêcher de prendre à la victime de sa légèreté, quand un attendrissement involontaire trahit les peines qu'elle tenait secrètes ; elle se flatte que l'impossibilité de satisfaire sans remords sa nouvelle passion, que le souvenir, quelquefois si puissant, de jours plus fortunés lui rameneront son époux tel qu'il était alors.

Peut-être ne se trompait-elle pas. Le premier amour allait renaître et renaître pour ne plus s'éteindre; mais on introduit le Divorce; il est invoqué contre elle; il lui ôte sans retour le

contre-poids à ses douleurs, une espérance qui·
se serait réalisée, et l'infortunée, sacrifiée à la
satisfaction des désirs passagers d'un époux, en
expie les torts dans les pleurs qu'elle ne doit
plus attendre que jamais il essuie.

Apôtres du Divorce, qui n'en recommandez
l'adoption, que par zèle pour l'Humanité, croiriez-
vous que l'Humanité, l'Équité ne seraient pas
cruellement blessées dans cette circonstance?

Oui, l'on peut vous prouver que le Divorce
favoriserait, le plus fréquemment, le moins
estimable des époux, au préjudice de l'autre.

Les hommes surtout abuseraient du pouvoir
de répudier.

Une femme perd bientôt sa beauté avec sa
jeunesse. Ses traits se déforment, et, semblable à la fleur dont un seul rayon du soleil
enlève le velouté délicat, sa fraîcheur se
flétrit sous l'impression la plus légère des doigts
du tems, et il ne lui reste plus que de faibles
traces de ses charmes, quand l'homme, né du
même instant qu'elle, achève à peine d'acquérir.
Que le mariage les ait unis, que le Divorce en
ait rendu la durée arbitraire, oserez-vous répondre que le mari, dont elle fut long-tems l'orgueil
et les délices, voudra la conserver encore
lorsqu'elle n'aura plus rien qui attire les regards
et commande l'amour?

Craignez plutôt que , se rappelant tout ce qu'elle fut , il ne considère, avec plus de dégoût, ce qu'elle est , et n'use de la liberté que la loi lui donnera de passer dans les bras d'une autre épouse parée de toutes les grâces de l'adolescence, tandis que celle qui lui aura consacré les plus beaux de ses ans , réduite , par la perte de ses attraits, à un veuvage perpétuel, finira dans les privations, les regrets, les tourmens d'une jalousie trop bien fondée, des jours, dont les premiers ne lui promettaient que des roses à cueillir.

Je ne me dissimule pas que l'on ait prévu ces objections , et que l'on ait essayé d'y répondre d'avance.

L'auteur de la note déjà citée propose de condamner celui qui renverra sa femme , à lui céder la plus grande partie de sa fortune.

D'où résulteraient deux grands avantages :

L'un que le mari ne serait pas tenté de demander trop légèrement le Divorce ; l'autre , qu'au moins la femme répudiée serait dédommagée.

Mais , dans la dernière classe de la Société , où le travail seul du mari fait subsister sa femme et lui-même , quel frein donnerez vous à son inconstance ? quel dédommagement à son épouse?

Je parle de dédommagement! Est-il rien qui puisse compenser, même chez le peuple, où moins des illusions de l'amour propre embellissent l'amour; est-il rien qui puisse compenser la perte de la personne qu'on a aimée, qu'on aime encore, avec qui l'on a vécu dans l'intimité que permet le mariage?

Se console-t-on de voir son mari porter ailleurs, de l'aveu des lois, un bonheur qu'on avait cru s'être assuré?

Est-on dédommagé en ruinant l'homme qu'on gémit de ne pouvoir retenir?

Qui l'acceptera, ce dédommagement? La femme qui, séduite par les entours brillans de l'opulence, n'aura vu dans le mariage, qu'un contrat d'acquisition avantageux, qu'elle aurait signé encore plus volontiers sans la clause importune qui l'assujétissait à souffrir la présence habituelle d'un époux odieux; elle s'applaudira d'avoir trouvé, dans l'établissement d'un Divorce commode, un moyen de le forcer, par des écarts manifestés à dessein, à la quitter, en le dépouillant de sa fortune.

Mais la femme qui, tendre et délicate, n'a été sensible qu'au don de la main de son amant ( et celles-là composent la généralité du sexe ); celle qui ressentira le plus vivement l'outrage d'en être abandonnée, ne voudra point devoir un accroissement de richesses à l'évènement le plus cruel de sa vie.

Observons encore qu'il restera toujours contre la vertu ou les qualités sociales d'une femme répudiée, des soupçons qui lui rendront très-difficile, quelquefois même impossible, un second mariage assorti.

Une autre considération a échappé aux antagonistes de l'indissolubilité.

Il est ordinaire à chacun des amans d'imaginer que l'objet actuel de sa préférence le sera toujours. Ou l'on n'aime pas, ou il n'est pas possible d'entrevoir un tems même très-éloigné auquel on cessera d'aimer; persuadé de sa propre constance, on ne l'est pas autant d'être toujours également cher à celle qui plaît. Assuré de soi-même, on veut s'assurer d'elle, ôter l'espérance à ses rivaux, l'enlever à tout l'Univers.... C'est donc par un nœud indissoluble, qu'on veut s'enchaîner l'un à l'autre.

Le consentement à le former est déjà pour tous deux une preuve, ou du moins une forte présomption que l'on tiendra le serment que l'on va prononcer, et dont l'effet est de les disposer à cette réciprocité de confiance, si nécessaire entre époux.

Mais que ce serment ne soit que conditionnel.

L'empressement de conduire aux autels une femme adorée n'est plus le même. La foi qu'elle y viendra nous jurer, bientôt peut-être un autre la recevra dans le même lieu. Nous vivrons, nous l'aimerons encore, et celle qui fut à nous ne sera plus notre épouse, et il ne nous restera, d'avoir été heureux, qu'un souvenir importun qui nous empêchera désormais de l'être.

Jeunes amans dont l'exquise sensibilité ne s'est point encore éteinte sous les arides calculs de l'intérêt, si vous faites ces réflexions, et vous les ferez, ne retiendrez-vous pas la main que vous alliez offrir ?

La loi suppose que l'un de vous changera ; elle vous donne des défiances sur la durée du sentiment délicieux que vous vous applaudissez de faire naître. L'inconstance est prévue, excusée, légitimée d'avance. L'un de vous n'a qu'à vouloir, et il ne sera plus de beaux jours pour l'autre.

Mais on vous rassure, on vous dit que l'appréhension mutuelle d'être la victime du Divorce vous garantira tous deux de la léthargie où vous plongeraient les plaisirs tranquilles de l'Hymen. La Jalousie tiendra éveillé l'Amour sur les pavots de la couche nuptiale.

( 19 )

Avantages inappréciables du Divorce !

Les tracasseries des amans, leurs dépits, leurs querelles, leurs raccommodemens, tous ces chagrins, qu'il a plu aux poëtes de nommer des jouissances, seront encore votre partage.

Que vous allez être fortunés ! vous vous bouderez encore pour rien, vous vieillirez occupés à vous plaire par une infinité de petits soins essentiels. L'homme mûr, assidu à côté de sa moitié, consumera, à la disputer à un rival dangereux, les momens précieux qu'il doit à l'exercice d'une charge importante.

La mère de famille négligera l'éducation de ses enfans pour découvrir, dans les ressources multipliées de l'art profond des toilettes, de nouvelles raisons de compter sur la fidélité de leur père.

Est-il possible qu'on ait sérieusemeut proposé, comme un bien ( et on l'a fait ), d'éterniser, entre les époux, le délire des amans ?

Ne paraît-il pas démontré que les agitations, les inquiétudes, alimens de l'amour avant le mariage, deviennent, quand il a donné des droits, une source de divisions dont l'issue serait infailliblement le Divorce ?

Sans doute, il faut que les époux s'aiment ; mais loin d'eux cette passion tumultueuse qui fatigue le cœur et quelquefois le déchire, concentre toutes nos idées dans une seule, anéantit pour nous tous les êtres étrangers à l'être unique qui nous entraîne vers lui, et ne nous laisse voir rien d'utile à faire que d'arriver à sa possession ou de nous la conserver !

Un tel amour, pénible à celui qui le ressent, est encore, s'il conserve long-tems son effervescence, nuisible à la Société, en ce qu'il isole l'homme, énerve, étouffe ses talens dans leur germe, et l'arrache aux devoirs de citoyen.

Il suffit dans le mariage d'une amitié paisible, à laquelle la différence des sexes prête encore quelquefois la vivacité de l'amour.

L'attrait du changement : voilà ce qu'ont à redouter deux époux.

L'indissolubilité du nœud conjugal en est le préservatif le plus efficace.

L'idée qu'il y va du destin de la vie entière leur impose l'obligation de fuir tout ce qui pourrait affaiblir un attachement dont la durée est la mesure de celle de leur bonheur. Ils ont à s'aimer, à se plaire, le plus grand intérêt. L'un ne peut donner à l'autre des sujets de chagrin, sans s'exposer lui-même à en ressentir les effets.

Le motif le plus déterminant pour deux personnes de travailler, chacune de son côté, à l'avantage de l'autre, c'est qu'elles soient dans une telle position, que l'une ne puisse gêner l'autre, qu'elle ne soit elle-même gênée.

Attachez deux forçats à la même chaîne, en leur ôtant tout espoir d'être jamais séparés, ils s'accorderont dans tous leurs mouvemens, parce qu'un mouvement opposé les blesserait tous deux. Ils imagineront, chaque jour, des moyens de sentir moins leurs fers; et ce que chacun ne faisait d'abord que pour son intérêt particulier, bientôt il le fera autant en faveur de son compagnon de captivité.

Mais qu'il dépende du mécontentement de l'un d'associer à sa chaîne un autre esclave, au risque de s'en meurtrir lui-même, il la rendra meurtrière à celui avec qui il se lasse de la porter, afin de contraindre ainsi leur chef à satisfaire son caprice.

Retranchez les noms de forçats, d'esclaves, de chaînes et de fers, tous ces mots qu'on emploie ordinairement pour rendre l'indissolubilité odieuse, et cette comparaison exacte tant sous son rapport avec la durée indéfinie des mariages, que sous son rapport avec le Divorce, vous fera, pour ainsi dire, toucher au doigt le danger de le favoriser.

Un principe certain, c'est qu'il faut priver

l'homme social de la portion de sa liberté naturelle, dont l'exercice pourrait être funeste aux autres ou à lui-même.

Toutes les lois religieuses, civiles et criminelles, doivent tendre à cette fin, et le système de législation le plus parfait, est celui qui respecte seulement la partie de notre liberté, qu'il est avantageux ou indifférent de nous laisser.

Souvent ce qu'on regarde comme une tyrannie de la loi, n'est que la sage précaution d'un père qui désarme son enfant du couteau dont il pourrait se blesser.

L'inconstance de nos désirs en amour ne nuit pas moins à nous-mêmes qu'aux autres. L'homme ne sait pas être heureux ; il troque la réalité d'un plaisir présent contre l'espérance incertaine d'un autre plaisir qu'embellit l'éloignement dans lequel il l'apperçoit.

Mais on a remarqué que, dégoûté d'une situation agréable aussi long-tems qu'il entrevoit la possibilité d'en changer, il finit par s'y trouver bien quand la possibilité n'existe plus : delà la loi de l'indissolubilité des mariages.

Je n'ai parlé jusqu'à présent que du Divorce provoqué par un seul des époux.

Mais, quand on redemande réciproquement le pouvoir de disposer de soi, ne doit-il pas être accordé ?

On croit aimer son épouse, et l'on s'apperçoit que l'on s'était trompé. Doit-on porter jusqu'au tombeau la peine de quelques instans d'erreur, et d'une erreur bien pardonnable? Faut-il que deux personnes qui se sont imaginé trop inconsidérément se convenir, et qui mieux connues l'une à l'autre, n'ont trouvé, dans leur cœur, au lieu de l'amour qu'elles y supposaient, qu'une réelle et incurable antipathie, vivent et meurent, en se détestant, à côté l'une de l'autre?

Ce sentiment doux et impérieux qu'ils avaient cru connaître, ils l'éprouvent enfin; ils aiment véritablement et pour toujours; mais ce n'est point l'objet auquel il ont solennellement juré un attachement éternel; ils aiment, ils sont aimés. Permettez le divorce : voilà quatre individus heureux; la loi qui l'interdit en va faire quatre infortunés, et peut-être même quatre coupables. Craignez qu'ils ne se bornent pas au crime de l'adultère !......Il fut des Mongeot et des Lescombat.

Sans doute, dans ce cas précis, le Divorce produirait de bons effets.

Donc il faut l'admettre, au moins quand toutes ces circonstances se réunissent.

Non. Une loi qui donne lieu à des abus

si multipliés et si graves, que son utilité ne puisse les compenser, doit être abrogée si elle est établie, et, à plus forte raison, ne doit-on pas l'introduire.

Les débordemens du fleuve nourricier de l'Égypte entraînent dans leur cours quelques habitations trop rapprochées de ses rives, et ruinent leurs propriétaires; mais ils déposent sur le sol de cette vaste contrée le limon qui doit la fertiliser.

Que le Gouvernement y oppose des digues capables d'en soutenir l'impétuosité, un petit nombre de particuliers loueront sa prudence, tandis que tout le reste de l'État, menacé d'une famine universelle, accusera avec raison ses chefs d'avoir eu des vues trop étroites.

Semblable à ces inondations salutaires, la loi, qui ordonne l'indissolubilité des mariages, n'est funeste à quelques membres du corps social, que pour opérer le bien commun.

Faites la fléchir dans certaines occurrences, vous parez à un inconvénient, mais mille autres vont naître de la modification que vous y aurez apportée.

L'époux qui ne pourra renvoyer sa femme, sans sa participation, en deviendra le tyran,

( 25 )

et l'amènera, par un despotisme cruel, à le
réclamer conjointement avec lui.

La femme, de son côté, trouvera dans les
manèges de la coquetterie, qui irrite les soupçons d'un mari passionné, ou, en tout cas, dans
l'audace de les réaliser, un moyen aussi infail-
lible de parvenir au même but.

La cupidité qui, dans un siècle où l'on a
substitué aux plaisirs naturels une multitude de
plaisirs factices et dispendieux, fait autant de
mariages que l'amour, en dissoudra autant que
l'Inconstance.

Et la victime de l'une ou l'autre de ces deux
passions, en butte à des vexations continuelles
parce qu'elles seront réfléchies, accordera, malgré les réclamations de son cœur, un consentement qui sera regardé comme volontaire, à
moins qu'elle n'aime mieux arriver constam-
ment malheureuse, au terme d'une vie qu'on
aurait eu intérêt de lui faire chérir, si le lien
conjugal eût été indissoluble.

Il serait donc très-dangereux d'admettre
même le Divorce auquel les deux Parties don-
neraient les mains ; car on s'exposerait à le
prononcer presque toujours contre le gré de
l'une d'elle, puisqu'on ramenerait aux seuls cas
où la Loi l'autoriserait tous ceux dans lesquels

elle aurait jugé utile de le défendre. Et combien ces derniers seraient plus fréquens !

Quels seraient les effets du Divorce à l'égard des enfans nés des mariages qu'il aurait dissous ?

L'un des Auteurs de leurs jours serait à peu-près pour eux comme s'il n'était plus.

Partagés à chacun des Époux, de ces infortunés qui devaient croître ensemble, les uns seront privés d'un père, les autres n'auront plus de mère, et tous deux vivront.

On sent combien leur éducation physique et morale en souffrira.

On est si persuadé qu'elle s'opère mieux par le concours des deux Époux, que l'on ne peut s'empêcher de gémir sur les enfans, à qui une mort prématurée enlève l'un ou l'autre de leurs parens.

En effet, s'ils sont encore au berceau, la perte de leur mère les livre à des étrangers.

Qu'ils seront loin de veiller, avec la même sollicitude, à la conservation de ces nouveaux nés, d'écarter avec une prévoyance inquiéte les accidens multipliés qui menacent leur débile constitution, d'opposer aux cris impatiens de leurs douleurs aigues ces tendres caresses qu'une mère sait si bien varier, ces larmes brûlantes auxquelles l'on serait tenté d'attribuer quelquefois le pouvoir de calmer leurs souffrances !

Si la tombe leur ravit un père , on les plaint
de n'avoir plus , dans son utile fermeté , une
sauve-garde contre les écarts auxquels une mère
plus faible , plus elle est passionnée , essaiera
vainement de les soustraire ; on les plaint de
n'avoir plus , dans son expérience réfléchie , un
frein respectable à la fougue des passions , un fil
pour les conduire à travers les écueils dangereux
de la Société.

Ils entendront , il est vrai , de la bouche d'Ins-
tituteurs publics,tout ce qu'ilsauraient pu appren-
dre de la sienne ; mais les leçons d'un maître se
graveront-elles dans leurs cœurs comme celles
d'un père ? Ils n'auront jamais vu l'un que les
instruire , ils auraient toujours vu l'autre les
aimer.

Telle sera la condition des enfans après un
Divorce , condition qu'un nouveau mariage peut
rendre encore plus déplorable.

Exposés à tous les désagrémens qui résultent
des secondes noces , pour ceux qui doivent leur
naissance aux précédentes ; ils seront négligés ,
haïs peut-être , par l'un des époux, qui regardera
comme usurpée sur leurs enfans communs , la
part que l'autre leur accordera dans son affection.

La jalousie interprétera à sa manière les délicieuses effusions de la tendresse paternelle ou
maternelle.

Elles paraîtront des retours d'attachement à l'objet du premier choix qui vivra encore, et à qui l'on pourra supposer le regret d'avoir demandé le Divorce, ou d'y avoir consenti, regret qu'il éprouvera peut-être en effet, et qui, le poursuivant dans les bras d'une autre personne, empoisonnera ses jours.

Causes innocentes de querelles journalières, les enfans en seront les victimes ; malheureux également, soit qu'ils intéressent celui des époux à qui la Nature doit parler en leur faveur, soit qu'ils lui deviennent indifférens.

Mais les exemples de Divorce ne seront point fréquens.

Je sais qu'on lui attribue ceci de merveilleux : qu'il remplirait, à quelques exceptions près, les intentions de la loi qui prescrit parmi nous l'irrévocabilité du mariage.

Je sais que, pendant plusieurs siècles, dans une contrée célèbre, on n'a point usé une seule fois du privilège de répudier.

Ce fut dans Rome, encore à son berceau, dans Rome pauvre, dans Rome austère, quand ses habitans soldats et laboureurs ne conquéraient point sur les peuples subjugués les trésors, principes de son luxe, de sa corruption et de sa décadence ; ce fut dans les premiers tems de la République, que le Divorce n'eut d'autre effet que d'assurer la concorde dans les mariages et leur durée.

Mais quand Rome, enrichie des dépouilles de toutes les nations, en eut reçu tous les vices en échange du joug qu'elle leur avait imposé ; quand des palais décorés avec tout le faste asiatique eurent caché , sous leurs marbres orgueilleux, la place où les Fabricius, les Cincinnatus ne dédaignaient pas de conduire la charrue; quand à la simplicité, à la rudesse des mœurs , eurent succédé les recherches de la mollesse , sous cet usurpateur heureux, si vanté et si peu digne de l'être, qui , sur un trône où ne put monter un plus grand homme que lui, acheva paisiblement sa longue carrière commencée par des proscriptions ; sous Auguste enfin ( car ce n'est qu'aux Romains d'alors qu'on peut justement comparer nos contemporains ), sous Auguste , à quels désordres a remédié le Divorce ?

Je vois à cette époque la Prostitution ouvrir des Ecoles publiques de débauche où la jeunesse s'affranchissait de bonne heure du frein de la pudeur naturelle ; des courtisannes dans des chars magnifiques étaler effrontément leurs attraits venals,animés par le feu des pierres précieuses, dont le produit aurait alimenté mille indigens vertueux ; l'Adultère deshonorant les descendantes des Lucrèce et des Cornélie, introduire dans les premières maisons, sous un nom illustre, des fils de bateleur et d'histrion ; je vois des Romains dégradés mettre leur honneur à l'enchère, se marier à prix d'or, pour d'autres Romains, jaloux d'ennoblir les viles complices de leur libertinage, le Célibat tarir le sang qui long-tems pur et fécond avait produit des Héros, et, d'une main destructrice, fermer presque tout-à-fait les temples de Junon Lucine.

En vain Auguste fait des lois très-sévères contre l'adultère et le Célibat, digues impuissantes ! le torrent de la corruption n'en poursuit pas moins son cours.

Cependant le Divorce était permis.

On en abusait même au point que cet Auguste, qui répudia trois femmes pour épouser Livie, qu'il enleva enceinte à son premier époux, fut obligé de publier des lois pour arrêter les désordres occasionnés par la répudiation.

Nous sommes au même degré de civilisation que les Romains de son siècle, et l'on assure que le Divorce rendra les époux plus heureux, encouragera au mariage, en conservera la pureté, détournera des liaisons illicites, sera très-rare, enfin avantageux à la Société !

9 782329 360850